용선생 처음 세계사 1

고대 문명~중세

글 사회평론 역사연구소
그림 뭉선생, 윤효식 | 캐릭터 이우일

사회평론

차례

1 역사를 향한 첫걸음

1. 고대 문명의 탄생 … 10
2. 아시아 세계를 통일한 제국 … 20
3. 지중해 세계를 통일한 제국 … 30

정리왕 40
역사야 놀자 42

2 다양한 문화가 자리 잡다

1. 중국을 통일한 수나라와 당나라 … 46
2. 이슬람 세계의 등장 … 56
3. 게르만족이 유럽을 차지하다 … 66

정리왕 76
역사야 놀자 78

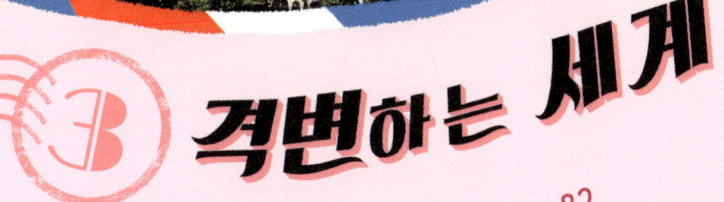

3 격변하는 세계

1. 중국의 주인이 바뀌다 … 82
2. 황금기를 맞이한 이슬람 세계 … 90
3. 유럽이 혼란에 빠지다 … 98

정리왕 108
역사야 놀자 110

4 불어오는 변화의 바람

1. 세계의 중심이 된 중국 … 114
2. 무사의 나라 일본 … 124
3. 변화하는 유럽 … 134

정리왕 144
역사야 놀자 146

정답 및 풀이 148

세계 여행을 떠나기 전에 우리가 사는 세계가 어떻게 생겼는지부터 알아볼까?
우리나라는 거대한 **아시아**의 동쪽 끝에 있어. 그 주변에는 중국과 일본이 있지.
우리나라에서 더 동쪽으로 태평양을 건너면 **아메리카 대륙**이 있어.
반대로 우리나라에서 서쪽 끝으로 가면 **유럽**이 있단다.
유럽에는 영국, 프랑스, 독일 같은 나라가 있어.
그리고 유럽에서 좁은 지중해를 건너면 남쪽에는 **아프리카 대륙**이 있지.
최초의 인류는 이 아프리카에서 살았단다.

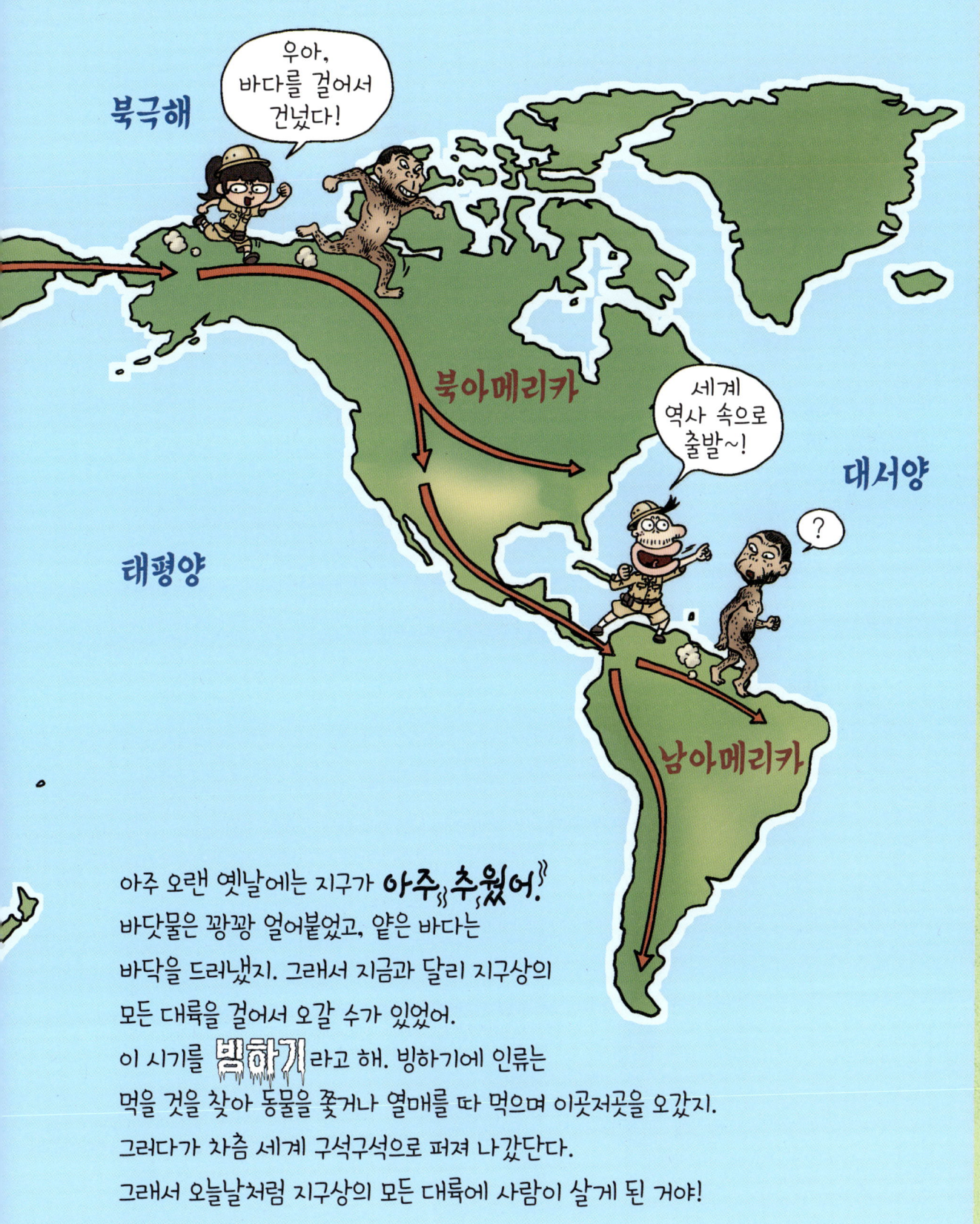

아주 오랜 옛날에는 지구가 **아주 추웠어.**
바닷물은 꽝꽝 얼어붙었고, 얕은 바다는
바닥을 드러냈지. 그래서 지금과 달리 지구상의
모든 대륙을 걸어서 오갈 수가 있었어.
이 시기를 **빙하기**라고 해. 빙하기에 인류는
먹을 것을 찾아 동물을 쫓거나 열매를 따 먹으며 이곳저곳을 오갔지.
그러다가 차츰 세계 구석구석으로 퍼져 나갔단다.
그래서 오늘날처럼 지구상의 모든 대륙에 사람이 살게 된 거야!

1 역사를 향한 첫걸음

신나는 세계사 여행 첫 번째 시간!
오늘은 세계 곳곳에서 문명이 탄생하는 과정을 알아볼 거야.
중국의 진나라나 유럽의 로마 제국처럼 거대한 나라가 만들어지는 과정도,
요즘도 흔히 볼 수 있는 여러 종교가 처음 탄생하는 과정도 함께할 거란다.
기대되지? 그럼 본격적인 세계사 여행을 시작해 볼까?

고대 문명의 탄생

중국이 최초로 통일되다

페르시아 제국이 세워지다

빙하기가 끝났다!

빙하기가 끝나고 지구가 따뜻해졌어! 산과 들에는 식물과 동물이 쑥쑥 자랐지.
"우아, 이제는 이리 저리 돌아다닐 필요가 없겠어!"
사람들은 먹을 것이 풍부한 큰 강 근처 넓~은 평야에 정착했단다.
그러다 차츰 들판에 씨앗을 뿌려 먹을 것을 수확했고,
먹을 것을 구하기 쉬워지자 인구가 빠르게 늘어 마을과 도시가 생겨났지.
이렇게 해서 인류 최초의 문명이 꽃을 피웠어.

1만 2천년 전
빙하기 종료

- 농사일도 힘드네!
- 아이가 또 태어났어요! 막내 탈출!
- 또?
- 덥다 더워!
- 헐! 빙하기 끝난 지가 언젠데 아직도 털옷이야?

세계 최초! 메소포타미아 문명

가장 먼저 인류 최초로 생겨난 메소포타미아 문명을 알아볼까?
메소포타미아는 '두 강 사이의 땅'이라는 뜻이야.
이곳은 땅이 엄청 기름져서 농사가 정말 잘 됐어.
그리고 사방이 뻥! 뚫린 평지여서 다른 지방 사람들이 오가기도 쉬웠지.
하지만 적이 쳐들어오기 쉬워서 전쟁이 많이 일어났어. 또 강이 두 개인 만큼
홍수도 자주 났지.

"신이시여, 제물을 왕창 바칠 테니
제발 홍수랑 전쟁이랑 다 피하게 해주세요!"

메소포타미아 사람들은 **지구라트**라는 거대한 신전을 지어 신에게 빌었단다.
그냥 빌기만 했냐고? 그럴 리가! 여러 가지 발명품도 만들었어.
물건을 쉽게 운반하려고 **둥글둥글한** 바퀴를 만들고,
중요한 일을 적어두려고 문자도 만들었지.
또 농사 짓기에 좋은 시기를 알아내려고 세계 최초로 **달력**도 만들었어.

쐐기문자

메소포타미아 사람들이 세계 최초로 발명한 문자야. 뾰족뾰족한 모양이라 쐐기문자라고 해.

이거 바치면 홍수 안 나는 거죠?

좀 나눠 먹으면 안되나?

에구구….

파라오의 나라 이집트 문명

한편, 아프리카에서는 이집트 문명이 탄생했어.
이집트를 흐르는 나일강에서는 매년 규칙적으로 홍수가 났는데,
이집트의 왕인 파라오는 별의 움직임을 보고 홍수가 날 시기를 미리 알았대.
그래서 이집트 사람들은 파라오가 이집트의 앞날을 꿰뚫어 본다고 믿었지.

"나 파라오는 태양신의 아들이다! 나에게 복종하라!"

이집트 사람들은 파라오를 신처럼 떠받들었단다.

이집트 사람들은 영혼이 죽지 않고 언젠가 자기 몸으로 돌아온다고 믿었어. 그래서 시신이 썩지 않도록 **미라**로 만들고, 거대한 돌로 지은 **으리으리한** 무덤인 피라미드에 시신을 두었지. 피라미드를 지으려면 아주아주 머리를 많이 써야 해.

"흠~ 이 돌을 이 각도로 깎아서 놓아야 피라미드를 높이 쌓을 수 있겠군."

그래서 이집트에서는 수학과 도형을 연구하는 학문이 아주 발달했단다. 또 이집트 사람들은 태양의 움직임을 관찰해 달력을 만들고 사물의 모습을 본떠 **상형문자**를 만들기도 했어.

미라는 어떻게 만들까?

1. 시신에서 장기 꺼내기 : 죽은 사람을 잘 씻은 후 뇌와 창자 등 장기들을 몸에서 빼내어 항아리에 담아.

2. 시신 건조시키기 : 장기를 꺼낸 몸은 40일 동안 잘 말려서 물기를 모두 빼내.

3. 붕대로 감기 : 바짝 마른 몸을 붕대로 칭칭 감아. 붕대를 한 겹 감을 때마다 주문을 외우며 부적을 끼워 넣지.

4. 관에 넣기 : 완성된 미라에 살아 있을 때와 닮은 가면을 씌우거나, 얼굴이 그려진 관에 미라를 넣어.

인더스 문명과 수수께끼 문자

반듯~ 반듯~ 돌을 쌓아 만든 저 건물들 좀 봐! 여기는 **인더스강** 근처에 있는 도시 유적이야. 집, 도로, 심지어 하수도와 대형 목욕탕까지! 오래전 도시라고 상상할 수 없을 정도로 매우 정교해! 또 인더스 문명의 상인들이 사용한 도장에는 **다양한 문자**가 새겨져 있어. 하지만 문자의 정확한 뜻은 아직 **수수께끼**로 남아 있단다. 아마 누군가 정확한 뜻을 알아낸다면 역사에 **영원히** 이름이 남을 거야!

상인들이 사용한 도장

동물 그림과 함께 문자로 보이는 기호들이 새겨져 있어.

중국의 뿌리를 찾아서

이번에는 우리와 가까운 중국으로 가 볼까?
중국에서 가장 오래된 나라는 **상나라**란다.
상나라의 왕은 중요한 결정을 내릴 때 점을 쳤어.

"흠, 이 전쟁을 해야 하나, 말아야 하나~?"

불길이 치글치글 끓어오르는 화로에 **거북이 껍질**이나 동물의 뼈를 올려놓고 껍질이 갈라지는 모양을 보고 앞날을 점쳤지.
그렇게 점을 친 결과를 기록한 문자가 바로 한자의 기원이 된 갑골문자란다.

기원전 1600년
상나라 등장

갑골문자

상나라에서 점을 친 결과를 기록하는 데 사용한 문자야.

역사반 자유시간

헤헤. 나는 강 옆에서 살면 문명이 발생하는 줄 알았지!
오늘 배운 문명도 모두 큰 강 옆에서 발생했잖아?
그런데 중요한 문명은 왜 모두 큰 강 옆에서 생겨난 걸까?

혼란하다 혼란해! 춘추 전국 시대

주나라가 망하고 어지러운 시대가 계속되었어. 힘 좀 쓴다 하는 사람들은 너도나도 "왕이 되겠다"고 일어나는 통에 전쟁이 좀처럼 끊이질 않았지.

"내가 제일 강한 나라를 만들고 싶은데 어떻게 하면 좋을까?"

중국 각지에서 수많은 학자들이 나타나 자기 말대로 해야 강한 나라를 만들 수 있다며 한 마디씩 거들었지.

기원전 221년
진나라, 중국 통일

중국을 통일한 진나라와 한나라

긴 혼란 끝에 **진나라**의 **시황제**가 드디어 중국을 통일했어.

"난 친척들한테 땅 같은 거 안 나눠줘! 누구 좋으라고? 내가 직접 다 할 거야!" 시황제는 엄격한 법을 만들어서 나라를 꽉 쥐고 다스렸어. 지역마다 다르던 화폐와 문자도 **통일**했지.

하지만 자기 명령을 어기는 사람은 절대로 용서하지 않았고, **만리장성** 같은 거대한 건물을 지으며 백성들을 마구마구 괴롭혔단다.

하나부터 열까지 다 내 뜻대로!

쉬지 말고 일해!

아이고, 나 죽네~

한번 쉴 때마다 한 대씩이다!

결국 견디다 못한 사람들이 반란을 일으켰고, 진나라는 무너졌어.
뒤를 이어 **한나라**가 들어섰지. 한나라는 진나라처럼 엄격한 법을
앞세우지 않았어. 대신 "공자왈~ 맹자왈~" 유학을 널리 퍼뜨렸지.
유학에서는 임금에게 충성하라고 늘 강조하기 때문에,
엄한 법이 없어도 사람들을 다스리기 좋았어.
그 덕에 한나라는 안정을 찾고 중국을 오래오래 평화롭게 다스렸지.

> **유학**
> 공자님의 가르침을 따르는 학문을 말해.

페르시아 제국의 등장

한편, 메소포타미아 문명이 자리 잡았던 서아시아에도 강력한 제국이 등장했어. 이름하여 **페르시아 제국!** 페르시아는 나라 안의 수많은 민족을 너그러이 다스렸지. 페르시아의 법이나 문화, 제도도 전혀 강요하지 않았어.

> 제국
> 여러 민족을 다스릴 만큼 크고 강한 나라를 말해.

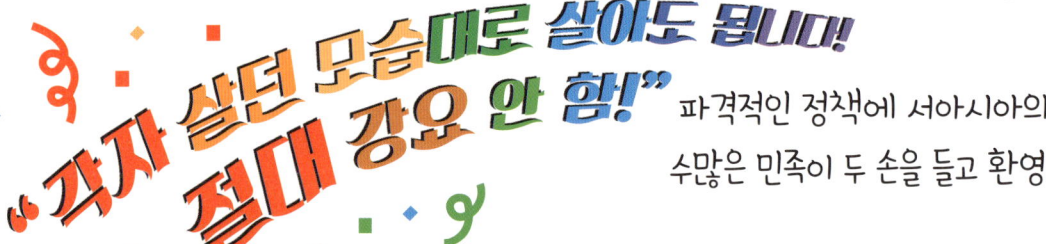

"**각자 살던 모습대로 살아도 됩니다! 절대 강요 안 함!**" 파격적인 정책에 서아시아의 수많은 민족이 두 손을 들고 환영!

페르시아의 **다리우스왕**은 거대한 제국 구석구석을
연결하는 넓은 길을 뚝딱뚝딱 만들었어.
길이 완성되자 제국 곳곳을 오가기가 예전보다 훨씬 쉬워졌지.

"와~ 예전에는 왕의 **명령**을 전하려면 **석 달**이나
걸렸는데 이제는 **일주일**이면 충분하네!"

다른 민족에게는 **관대하게!** 시스템은 **체계적으로!**
페르시아 제국은 서아시아를 오래오래 다스리며 번영했단다.

다리우스왕

페르시아의 전성기를 이끈 왕이야.

부처님이 깨달음을 얻다

한편, 이 무렵 인도 사람들은 비나이다~ 비나이다~ 하며 하늘에 제사 지내는 걸 가장 중요하게 생각했어. 제사를 제대로 지내야 세상이 무사히 잘 돌아간다고 생각했거든.

"내가 없으면 제사를 제대로 못 지내잖아? 그러니까 내 밑으로 전부 줄 서!"

그래서 제사를 지내는 제사장은 인도 사회에서 가장 높은 신분으로 대우받았어. 그 아래는 전쟁을 하는 전사, 그리고 돈이 많은 상인이 있었지. 이게 바로 인도의 엄격한 신분 제도인 **카스트 제도**야.

부처님의 뜻으로 나라를 다스리다

부처님이 세상을 떠난 후, 인도에는 강력한 왕이 등장했어. 바로 **마우리아 왕조**의 **아소카왕**이었지. 아소카왕은 인도의 대부분을 다스렸지만 그동안 전쟁을 벌이며 너무 많은 사람을 죽인 것이 괴로웠어. 그래서 큰 결심을 했단다.

"이제 전쟁은 끝! 부처님의 가르침에 따라 인도를 다스릴 것이다!"

아소카왕은 다짐대로 전쟁을 멈추고 독실한 불교 신자가 되어 아시아 곳곳에 활발하게 불교를 퍼뜨렸어.

아소카왕 돌기둥

아소카왕은 나라 곳곳에 불교의 가르침을 새긴 돌기둥을 세웠어.

역사반 자유 시간

 더 생각해 보기

휴~ 식당에서 메뉴 하나를 통일하기조차 쉽지 않아.
그런데 통일 제국을 이룬 왕들은 어떻게 그 넓은 땅을 하나로 통일하고 다스렸을까?

초미니국가 폴리스

여기는 지중해의 그리스! 이곳에서는 아주 작은 나라들이 발전했어. 그리스에는 작은 섬이 많고 넓은 평야도 없어서 많은 사람이 모여 큰 나라를 만들기 힘들었거든. 이 작은 나라들을 폴리스라고 해. 폴리스끼리는 자주 투덕투덕 싸우기도 했지만, 모두 같은 말을 쓰고 같은 신을 믿었어. 수백 개나 되는 폴리스 중에서도 아테네와 스파르타가 대표적인 폴리스였지.

아테네에서는 **민주주의**가 발전했어.
시민들은 회의에서 중요한 일을 직접 투표로 결정했지.
또 상업이 발전해서 돈을 많이 번 상인도 많았어.
스파르타는 아테네와 완전 딴판이었어.
어린 아이부터 어른까지 모두 군대에 들어가서, 나라 전체가 **거대한 군대** 같았지.

"아들, 이제 일곱 살이구나! 너도 훈련소에 들어가 맨몸으로 군사 훈련을 받아야 한단다!"

휴, 무시무시하지?

너네가 장사를 알아?

장사가 대수야? 힘센 게 최고지!

아테네 이겨라

스파르타

거인과 꼬마의 대결, 페르시아 전쟁

기원전 490년 페르시아 전쟁 시작

이런, 그리스에 위기가 닥쳤어. 바로 이웃한 **페르시아**가 쳐들어온 거야! 어디 보자, 그리스 군대 1만 명, 페르시아 군대는… 헉, 20만 명?! 그야말로 꼬마와 거인의 싸움이잖아?!

"건방진 그리스 녀석들, 무릎을 꿇어라!"

하지만 폴리스들은 아테네와 **스파르타**를 중심으로 똘똘 뭉쳐 **용감히 싸웠지.**

그 결과, 놀랍게도 그리스가 승리를 거두었어!

그리스를 위해, 하나로 합체!

짜 잔

이럴 수가…. 너희 만날 싸우는 거 아니었냐?

으앙~ 나 살려~

페르시아

후다다닥

커헉

천하무적 알렉산드로스 대왕

시간이 흘러, 그리스에는 커다란 꿈을 가진 왕이 혜성같이 등장했어. 바로 ☆알렉산드로스 대왕이었지!

알렉산드로스 대왕은 정말로 순식간에 그리스와 페르시아, 이집트까지 모두 정복하고 이제껏 없었던 대제국을 건설했어. 사람들은 입을 모아 알렉산드로스 대왕을 세계 제일의 **영웅**으로 추켜세웠단다!

"그동안 누구도 이루지 못한 진정한 대제국을 만들 것이다!"

이수스 전투 벽화

알렉산드로스 대왕에게 패배해 황급히 달아나는 페르시아 왕의 모습이 그려져 있어.

로마의 첫걸음

기원전 275년 로마, 이탈리아반도 통일

이때 그리스보다 조금 더 서쪽에서는 **로마**가 조용히 힘을 키우고 있었어. **이탈리아반도를 통일**한 로마는 지중해를 놓고 북아프리카의 **카르타고**와 전쟁을 벌였지.

"지중해의 진짜 주인을 가리자!"

로마는 세 차례나 전쟁을 벌인 끝에 카르타고를 누르고 지중해의 1인자가 되었어.

아우구스투스 황제 이후, 로마는 **다섯 명의 현명한 황제**가 잇달아 나라를 다스리면서 전성기를 맞았어. 로마의 영토는 유럽 전체에 이를 정도로 넓어졌지.

"모든 길은 로마로 통한다!"

"로마야말로 영원한 제국이다!"

로마 영토 곳곳에는 **대도시와 도로**가 만들어졌고 **교역도 활발**해졌어. 하지만 나라가 너무너무 넓다 보니 황제 혼자서 잘 다스리기가 어려웠지. 결국, 로마는 동로마와 서로마 둘로 나누어졌단다.

고대 로마인들이 운동경기를 즐겼던 원형 경기장이야.

그리스도교가 널리 퍼지다

하지만 로마 제국의 모든 사람이 행복했던 건 아니야. 매일 먹고살기조차 힘들 정도로 가난한 사람이 많았지. 이때 **예수님**이 등장했어.

"네 이웃을 사랑하라. 서로 도우며 살아라. 그러면 하느님의 나라에 갈 수 있다."

예수님을 따르는 사람은 점점 늘어났어. 그러자 로마는 이들이 반란을 일으킬까 겁이 난 나머지, 예수님을 붙잡아 **처형**했지. 하지만 그 이후로도 예수님의 제자들이 예수님의 가르침을 널리 퍼뜨렸어.
이렇게 탄생한 **그리스도교**는 유럽 전체로 널리 퍼졌단다.

네 이웃을 사랑하라, 원수를 사랑하라!

원수를 사랑하라고? 어휴, 어떻게 그래요?

싹 다 잡아들여!

간식은 언제 주시지…?

흑흑

꼬르륵

남자친구 생기게 해 주세요~

역사반 자유 시간

 **더 생각해 보기**

장하다랑 왕수재가 힘을 합칠 때도 있네!
그리스의 여러 폴리스들도 평소에는 서로 아웅대며 다투었지만,
위기가 닥치면 하나로 힘을 모아서 싸웠어. 왜 그랬을까?

_____
_____

왕수재의 정리왕!

1. 고대 문명의 탄생

- 큰 강 유역에 농사를 짓고 정착해 모여 살면서 도시와 문명이 생겨남.
- 인류 최초의 문명은 서아시아의 **메소포타미아 문명!**
- 이외에 이집트 문명, 인더스 문명, 동아시아 문명이 대표적인 고대 문명.
- 고대 문명에서는 각기 **법과 제도, 문자** 등을 만들어 냄.

2. 아시아 세계를 통일한 제국

- 중국에서는 **진나라**가 중국을 최초로 통일하고 뒤이어 **한나라**가 들어섬.
- **페르시아 제국**은 서아시아를 통일하고 다른 민족도 관대하게 다스림.
- 인도에서는 부처님이 깨달음을 얻어 **불교**가 탄생함.
- **마우리아 왕조**는 인도를 통일하고 불교를 널리 퍼뜨림.

3. 지중해 세계를 통일한 제국

- 그리스에서는 **아테네, 스파르타** 등 초미니국가 폴리스가 발전함.
- 그리스의 **알렉산드로스 대왕**은 페르시아와 이집트를 정복하고 대제국을 건설함.
- 이탈리아의 작은 도시 **로마**는 지중해를 제패하고 오랜 시간 번영을 누림.
- 예수님이 등장해 **그리스도교**가 탄생하고 유럽 곳곳으로 퍼져 나감.

슈퍼 천재 왕수재가 1분 만에 정리해 줄게!

숨겨진 키워드를 찾아라

아래 힌트를 보고 답을 찾아봐!

🔍 키워드 찾기 힌트

1. 지금의 이탈리아 땅에서 생겨난 나라야. 나중에 지중해를 장악하고 넓은 제국이 되었지. (로○)
2. 중국 상나라에서 거북이 등껍질로 점을 치고 기록하기 위해 만들었던 문자야. (갑○○○)
3. 이집트의 무덤이야. 사람이 죽으면 미라로 만들어 이곳에 두었지. (피○○○)
4. 그리스에 있던 폴리스야. 나라를 거대한 군대처럼 운영했지. (스○○○)
5. 그리스를 통일한 뒤 여러 나라를 정복하고 대제국을 세운 왕이야. (알○○○○○)
6. 메소포타미아 문명에서 만든 건축물이야. 신에게 제사를 지내던 곳이지. (지○○○)
7. 인도에서 고타마 싯다르타가 창시한 종교야. (불○)
8. 중국을 통일한 진나라의 황제야. (시○○)
9. 서아시아에서 발전한 강력한 통일 제국이야. 그리스와 큰 전쟁을 벌이기도 했어. (페○○○)
10. 이집트 문명은 '나○○' 유역에서 발전했어.

고대 문명 발굴 일기를 완성하자!

- 날짜 : 2019년 3월 14일
- 장소 : 이라크 (우르 지구라트 근처)
- 날씨 : 덥고 건조함
- 발굴 유물 : (메소포타미아 문명) 쐐기문자 점토판 2점

- 날짜 : 2019년 4월 1일
- 장소 : 파키스탄
- 날씨 : 매우 더움!!
- 발굴 유물 : (인더스 문명) 상인들의 도장 2점

역사반 친구들이 팀을 나누어 **고대 문명**이 탄생한 지역으로 떠났어! 며칠을 노력한 끝에 각 문명에서 만들어진 **다양한 유물**들을 발견할 수 있었지. 아래에 각 팀에서 쓴 발굴 기록과 사진이 있어. 비어있는 자리에 알맞은 유물 스티커를 붙여서 사진을 완성하고 나머지 발굴 일기도 써줘!

- 날짜 : 2019년 5월 9일
- 장소 : 이집트. 수도 카이로에서 가까움.
- 날씨 : 더워~~
- 발굴 유물 : (이집트 문명) 미라의 장기를 담았던 항아리

- 날짜 :
- 장소 : 중국
- 날씨 :
- 발굴 유물 :

2 다양한 문화가 자리 잡다

오늘날 세계 곳곳의 사람들은 서로 다른 말과 글을 쓰며 살아. 입는 옷도 다르고, 믿는 종교도 다르지. 과연 언제부터 그랬을까? 오늘은 세계 곳곳에 다양한 문화가 태어나 자리 잡는 과정을 살펴볼 거야. 우리에게 익숙한 중국과 동아시아, 이슬람교를 믿는 이슬람 세계, 그리고 그리스도교를 믿는 유럽의 문화까지! 오늘도 흥미진진한 얘기가 될 테니 귀를 쫑긋 세우렴~

수나라가 망하다

당나라가 세워지다

중국을 구하러 나선 영웅들

한나라가 중국을 다스린 지도 벌써 400년, 중국은 혼란에 빠져 있었어. 자기 욕심만 차리는 **못된 신하**와 **어리석은 황제**가 잇달아 등장해 백성을 괴롭혔지. **짜잔!** 이때 혼란에 빠진 중국을 바로잡겠다며 나라 곳곳에서 조조, 유비 등 **수많은 영웅**이 등장했어. 이 시대를 배경으로 한 소설이 바로 《**삼국지연의**》야.

"바로 내가 중국을 구하고 평화를 가져오겠다!"

중국으로 스며드는 유목민

수많은 영웅의 대결이 마무리될 무렵, 이번에는 중국 북쪽에 있던 유목민이 와글와글 중국으로 내려오기 시작했어.

혼란을 틈타 살기 좋은 중국에 자리를 잡으려 한 거야.

유목민들은 중국 북부를 차지하고 여러 나라를 세웠지.

그리고 옷과 음식, 이름 짓는 법 등, 중국 문화를 적극적으로 받아들여 **중국인이 되려고 했어.**

> 유목민
> 가축을 키우며 이동 생활을 하는 사람을 말해.

"이제는 우리도 중국 사람이다. 중국 옷을 입고 중국 이름을 쓰자."

원래부터 중국에 살던 한족은 **중국 남부로 쫓겨 가** 정착했어.
이때부터 중국 남부에는 **화려한 도시**가 세워졌고,
비옥한 농지도 늘어났지.

하지만 북부의 유목민을 내몰기 위해 **전쟁을 벌이면서** 혼란도 계속됐어.

"에잇, 더러운 세상, 꼴 보기도 싫다!"

끝없는 혼란에 지친 몇몇 귀족들은 자연 속에서 ♪시와 음악을 즐기며♬
룰루랄라 살아가기도 했대.

중국을 통일한 수나라

오랫동안 남북으로 나뉘었던 중국은 수나라가 다시 통일했어. "수나라를 세계 제일, 아니 우주 제일의 나라로 만들 것이다!" 수나라의 두 번째 황제인 양제는 중국을 남북으로 가로지르는 으리으리한 뱃길을 만들었지. 이걸 **대운하** 라고 해. 대운하 덕택에 중국 남북 사이를 오가기는 훨씬 쉬워졌어. 하지만 수많은 백성이 공사장에 끌려가서 큰 고통을 겪었단다.

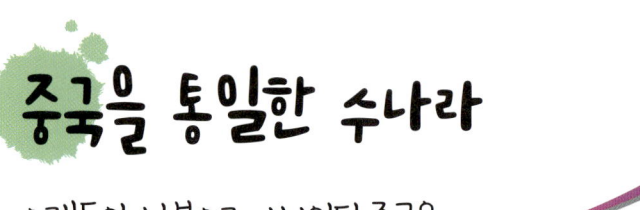

하지만 양제는 전쟁을 벌여 주변 나라를 무릎 꿇릴 궁리만 했어.
양제의 눈에 들어온 건 다름 아닌 **고구려**였지!
수나라는 백만 명이나 되는 대군을 보냈지만 고구려의 을지문덕 장군에게
대패하고 말았어. 그러자 그동안 부글부글 끓던 백성들의 원망이 폭발했지.

"이게 나라냐?" "우리 아들을 살려 내!" "황제를 내쫓자!"

결국 반란이 일어나 수나라는 **허무하게 무너졌단다.**

당삼채

당나라에서 세 가지 색을 칠해 만든 도자기를 당삼채라고 해.

마누라가 신상 비단 사 오랬는데…

당나라는 글로벌 넘버 원!

수나라의 뒤를 이어 **당나라가 들어섰어.**
당나라는 중국의 법과 제도를 ✨깔끔히 정돈해서 오랜 혼란을 안정시켰지.
또 동서남북의 주변 국가를 거침없이 공격해 **모두 굴복시켰단다.**
당나라의 위세는 하늘을 찌를 듯 드높았지.

"황제께서는 하늘에서 내리신 이 세계의 지배자이십니다!"

당나라 수도 장안은 세계에서 손꼽히는 대도시였어.
세계 곳곳에서 다양한 피부색을 가진 사람이 장안으로 모여들었지.
장안에는 그리스도교를 믿는 사람을 위한 교회, 이슬람교를 믿는 사람을 위한 사원도 있었어. 당나라는 중국을 넘어선 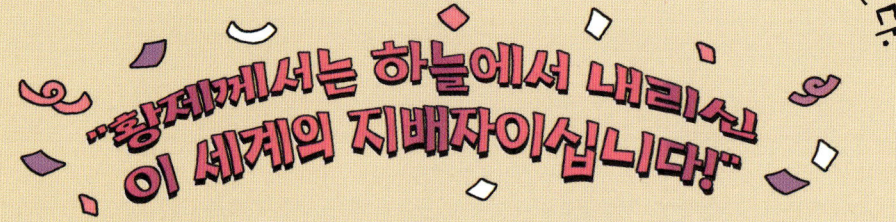 **글로벌 넘버원 제국** 이었단다!

당나라를 따라 배우자!

세계 제국 당나라는 주변 나라의 부러움을 샀어. 모두 당나라처럼 강력하고 부유한 나라가 되고 싶어했지.

당나라를 찾은 세계 각국 사신의 모습이 그려져 있어.

"우리도 당나라를 따라 배우자!"

신라와 발해, 일본 사람들은 당나라를 본받아 나라의 법과 제도를 만들었어. **한자**를 사용했고, 중국에서 유행하던 **유교**와 **불교**도 따라 믿었어. 또 많은 유학생이 **당나라로 떠나 공부도 열심히 했단다.**
그래서 우리처럼 중국과 이웃한 나라들이 서로 비슷한 문화를 가지게 된 거야.

역사반 자유시간

- 나 이런 사람이야!
- 우아, 형 너무 멋지다~
- 아아~ 형~ 나도 영어 잘하고 싶어~
- 내가 너만 특별히 알려줄게!
- 알고 싶지도 않거든?
- Excuse me, ~~~~~?
- 어~ 그, 그게~
- 천재의 특훈이랄까~
- 잘난 척 하더니 그럴 줄 알았다!
- 헐, 형...

으휴, 난 수재 형만 믿고 따라하면 영어 도사가 되는 줄 알았는데! 옛날 신라와 발해 같은 나라들도 일등 나라가 되고 싶어서 당나라를 따라했잖아. 당나라의 어떤 점을 배웠더라?

신성한 도시 메카

그런 아랍인이 중요하게 여기는 곳이 있었어. 바로 **메카**라는 도시였지.
메카에는 하늘에서 슈웅! 떨어진 **운석 조각**을 모셔 놓은 신전이 있었어.
아랍인들은 이 운석이 하늘에서 내려온 **신성한 물건**이라 생각했지.
그래서 운석과 함께 자기들이 믿는 **온갖 신을 모시고** 수시로 기도했단다.
신전에 들르는 사람이 많아지면서 메카는 점차 **큰 도시**로 발전했어.

"사막의 신이시여, 부디 이번 여행도 안전하게 지켜주소서!"

무함마드, 신의 말씀을 전하다

짜잔! 그건 바로 **무함마드**라는 상인이었어. 무함마드는 이렇게 말했지.

> **알라**
> 아랍어로 '신'이라는 뜻이야.

"나는 알라께서 보내신 천사를 만났다. 내가 신의 말씀을 전하겠다!"

무함마드는 **진짜 신은 오직 하나 뿐이고 나머지는 가짜**라고 말했어. 그러니 서로 믿는 신이 다르다고 다투지 말고, 진짜 신 한 분만을 믿으며 서로 돕고 살아야 한다는 거야.

이렇게 무함마드의 가르침에 따라 탄생한 종교를 **이슬람교**라고 해.
자신들의 신이 전부 가짜라는 말에 메카 사람들은 일단 화를 냈어.
그런데 이게 웬걸?

"같은 신을 믿으며 하나로 뭉치면 지금보다 훨씬 잘 살 수 있어요."

이슬람교를 믿는 사람은 점점 늘어났어.
그리 오래 지나지 않아

모든 아랍인이 이슬람교를 믿게 되었지!

이슬람, 세계로 뻗어 나가다

이슬람교를 믿는 아랍인들은 성지 메카를 정복했어.
그리고 기세를 몰아 **사방팔방**으로 세력을 넓혔지.

"이제 이슬람교가 온 세계를 정복할 것이다!"

이슬람교를 믿는 사람들은 하나로 뭉쳐 **이슬람 제국**을 만들었어.
이슬람 제국은 **북아프리카**에서 **서아시아**에 이르는 드넓은 땅을 지배하며 번영을 누렸단다.

바위의 돔
이스라엘의 예루살렘에 있는 이슬람교의 성지야. 이슬람교가 전성기를 맞이했을 때 세워졌어.

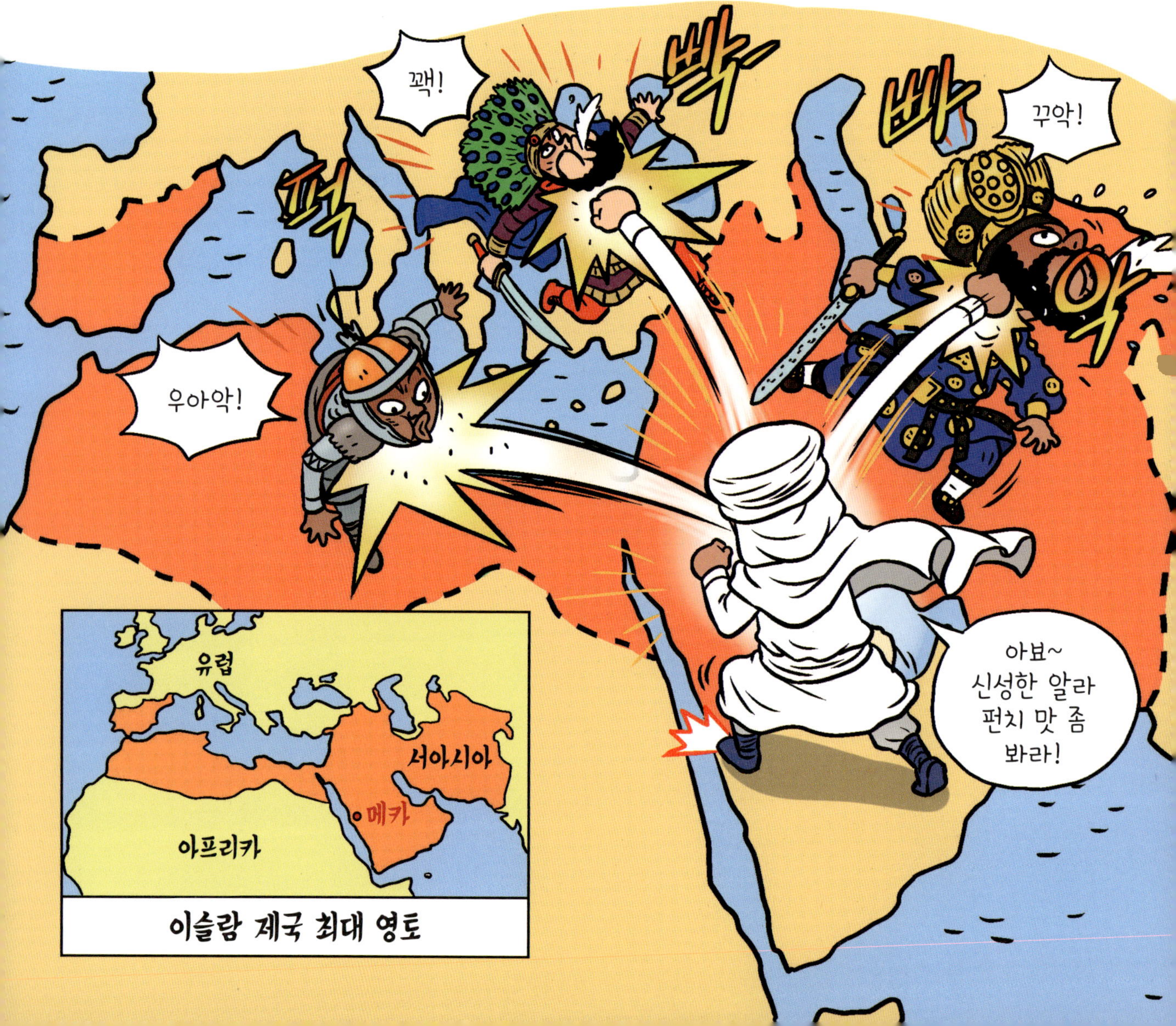

이슬람 제국 최대 영토

이슬람교를 받아들인 아랍인은 바다에서도 대활약을 펼쳤어.

"세계 어디든 우리 아랍인이 가지 못할 곳은 없다구!"

아랍인은 배를 타고 넓은 바다를 건너 **아프리카**로, 또 아주 머나먼 **당나라**와 **신라**에도 찾아와 장사를 했지. 아랍인이 장사를 하며 세계 **방방곡곡**에서 모아 온 값진 물건과 지식은 이슬람 제국에 **차곡차곡** 쌓였단다.

"쉿~ 조용!" 여기는 **지혜의 집**이야.
세계의 값진 지식을 한 곳에 모아놓기 위해
건설한 **도서관**이지.
지혜의 집에는 이름난 학자들이 모여 열심히
공부를 하고 **토론**도 벌였단다.
이슬람 세계의 학자들은 세계 **최고** 수준이었어.
지구가 둥글다는 것도 알아냈고,
지구의 둘레도 정확히 계산해 냈지. 유럽인은 이슬람 제국의
의학 ✚ 교과서와 **과학 ☾ 교과서**를 고스란히 가져가서
600년 가까이 사용했단다!

64

역사반 자유 시간

헤헷, 하다가 거의 속아 넘어갔는데!
그런데 천사의 목소리를 들었던 무함마드가 사람들에게 뭐라고 이야기했는지 기억하니?

게르만족, 대이동을 시작하다!

지중해에서 **로마 제국**이 한창 번성할 무렵, 북유럽에는 **게르만족**이 살았어. 게르만족은 지중해 사람들보다 **덩치가 크고 힘도 셌지만**, 로마처럼 큰 나라를 세우지는 못했지.
게르만족이 살던 북유럽은 너무 춥고 농사가 잘 되지 않았거든.
"저 땅은 너무 춥고 살기도 나빠. 점령해 보아야 별 소용이 없겠군."
로마 사람들도 고개를 **절레절레** 저으며 게르만족의 땅을 노리지 않았단다.

시간이 흘러 로마 제국은 **쇠퇴**하기 시작했어.
전염병이 돌고, 잇단 반란과 전쟁으로 많은 사람이 죽었지.
나중에는 국경에서 나라를 지킬 군인조차 부족해 쩔쩔맸단다.
그때 유럽의 **동쪽 대초원**에서 사나운 유목민, **훈족**이 나타나
북유럽의 게르만족을 공격했지!

"훈족을 피하려면 로마로 가야 해!"

결국 게르만족은 무리를 지어 **로마의 국경을 넘기 시작했어!**

이게 웬 난리야!

무시무시한 훈족이다!

로마로 도망가자!

도망가자!

유럽을 차지한 게르만족

게르만족은 **로마를 멸망시키고** 유럽을 차지했어. 그리고 유럽 곳곳에 저마다 왕국을 세우고 **투덕투덕** 다투었지. 그러다 마침내 프랑크 왕국의 왕인 카롤루스가 서유럽을 통일했단다.

"당신이야말로 멸망한 로마 제국의 후계자이십니다. 우리를 지켜 주십시오!"

모든 그리스도교 신자들의 대장인 **교황**이 카롤루스에게 고개를 숙였어. 그리고 로마 제국 황제의 관을 바쳤지.

도망가! 바이킹이 온다!

하지만 프랑크 왕국은 오래 가지 못했어. 카롤루스의 세 아들이 **나라를 쪼개 가지면서** 나라가 약해지고 말았거든. 그리고 때마침 북쪽에서 새로운 적이 나타났어. 바로 바다를 누비는 **무시무시한** 약탈자, **바이킹**이었지!

"크하하, 보물을 내놓으면 목숨만은 살려주지!"

바이킹은 날렵한 배를 타고 유럽 곳곳을 닥치는 대로 약탈했단다. 그래서 바이킹이 나타났다는 소식만 들어도 모두들 ⟨⟨벌벌⟩⟩ 떨었지.

봉건 제도가 자리를 잡다

혼란이 너무나 심해지자 농민들은 동네에서 싸움깨나 하는 기사를 찾아갔어.

"앞으로 충성을 다하고 세금도 꼬박꼬박 바치겠습니다. 대신 우리를 지켜 주세요."

하지만 기사 혼자서는 모든 적을 막아낼 수가 없었지.

그래서 기사도 자기보다 많은 군댄를 가진 왕을 찾아가서 이렇게 요구했어.

"앞으로 세금을 낼 테니 제가 위험할 때 도와주시는 겁니다, 어때요?"

하느님의 뜻을 따라라!

이 무렵 유럽에는 어느 마을에나 **교회**가 있었어.
유럽인은 누구나 교회에 다녔지. 그래서 **성직자**의 말은 곧 **법이나 다름없었단다.**
교황이 **"저 자를 당장 마을에서 쫓아내라! 죽여도 좋다!"** 라고 명령하면,
제아무리 힘센 왕과 기사라도 교황을 찾아와 벌벌 떨며 용서를 구해야 했지.
교회는 직접 땅을 갖고 농민에게 **세금도 걷었어**. 심지어 어떤 교회는 땅이 **어마어마**하게 넓어서 웬만한 나라만큼 세력이 컸단다.

살아남은 로마, 비잔티움 제국

로마 제국이 멸망했다니 무슨 소리야? 아직 우리가 있잖아?

혹시 로마 제국이 둘로 갈라졌던 거, 기억하니?
게르만족이 유럽을 차지한 이후로도 동로마 제국은 여전히 살아 있었어.
이때부터 동로마 제국은 새 수도의 이름을 따 **비잔티움 제국**이라고 불러.
비잔티움 제국은 게르만족이 유럽을 차지한 이후로도 끈질기게 살아남아
1000년 넘게 번영을 이어 나갔단다!

역사반 자유시간

> 오, 그러니까 충성은 하지만 간섭은 안 받는다, 이거지?

> 또 무슨 생각을 하는 건지…

> 선생님, 앞으로 제 일은 제가 알아서 할게요!

> 간섭은 자제해 주세요!

> 응? 뭐라고? 갑자기 왜…

> 얘들아, 내일은 날씨가 춥다니까 가장 두꺼운 옷으로 꺼내 입어~

> 넹!

> 헹! 간섭은 자제해 달라니까요!

> 어휴, 추워 죽겠네!

> 자~ 찍어요~

더 생각해 보기

으아, 난 그냥 왕한테 간섭받지 않았던 유럽의 기사들처럼 살고 싶었을 뿐인데…
그런데 유럽의 왕과 기사가 서로 어떤 약속을 했었는지 혹시 기억하니?

_____

_____

왕수재의 정리왕!

1. 중국을 통일한 수나라와 당나라

- **수나라**는 중국을 다시 통일했지만 백성을 괴롭히다가 반란으로 망함.
- 당나라는 안정된 법과 제도를 갖추고 발전함. 수도 **장안**은 다양한 지역 사람들이 모이는 국제도시로 번성함.
- 동아시아의 여러 나라는 당나라의 다양한 문화를 받아들임.

2. 이슬람 세계의 등장

- **무함마드**가 아라비아반도에서 **이슬람교**를 창시함.
- 이슬람교는 오직 **하나뿐인 신**을 믿으며 서로 힘을 합치자는 종교임.
- 이슬람교는 세계 곳곳으로 빠르게 퍼져 나가며 **이슬람 제국**을 형성함.
- 이슬람 제국에서는 과학, 의학 등 각종 학문이 발전함.

3. 게르만족이 유럽을 차지하다

- 북유럽에 살던 **게르만족**이 로마를 멸망시키고 유럽에 자리잡음.
- 아랫사람이 윗사람에게 세금과 충성을 바치고 윗사람은 아랫사람을 보호해주는 **봉건 제도**가 자리 잡음.
- 왕보다 교회의 우두머리인 **교황**의 권력이 훨씬 컸음.
- 동로마 제국은 **비잔티움 제국**이라 불리며 1000년 넘게 이어짐.

슈퍼 천재 왕수재가 1분 만에 정리해 줄게!

숨겨진 키워드를 찾아라

아래 힌트를 보고 답을 찾아봐!

🔍 키워드 찾기 힌트

1. 둘로 나뉜 로마 제국 가운데 동로마 제국은 '비○○○ 제국'으로 발전했어.

2. 당나라의 수도였던 도시야. 오늘날에는 '시안'이라고 부르지. (장○)

3. 북유럽에 살다가 내려와 로마를 멸망시키고 유럽의 주인이 된 사람들이야. (게○○○)

4. 이슬람교를 창시한 사람의 이름이야. (무○○○)

5. 중세 유럽의 사회제도야. 아랫사람은 윗사람에게 세금을 바치고 윗사람은 아랫사람을 보호해 주는 계약 관계지. (봉○ ○○)

6. 혼란한 중국을 통일했지만 무리한 대운하 공사와 고구려 원정으로 인해 망해 버린 나라야. (○○라)

7. 아랍어로 '신'을 뜻하는 말이야. 이슬람교에서는 신을 이렇게 부르지. (알○)

8. 모든 그리스도교 신자들의 대장 역할을 하는 사람이야. (교○)

9. 북유럽의 바다를 누비며 유럽 곳곳의 마을과 도시를 공포에 떨게 만든 사람들이야. (○○킹)

10. 한나라 말, 혼란한 중국을 바로잡겠다며 등장한 영웅들의 활약상을 그린 중국 소설이야. (삼○○○○)

일정에 맞춰 장안을 여행하자!

역사반 친구들이 당나라의 수도 **장안**에 도착했어!
신라에서 온 유학생에게 어머니의 편지를 전해주려고 해.
아래에 나와 있는 **일정표**와 지도 위의 **범례**를 잘 보고
길을 찾아가 보자!

장안 1박 2일 여행 일정

날짜	세부 일정	비고
1일차	⭐ 명덕문 도착 ⭐ 대안탑 구경 ⭐ 페르시아 사원 방문하여 구경하기 ⭐ 서쪽 시장에서 페르시아산 양탄자와 유리컵 구입 ...	명덕문 바로 근처에 있는 탑 장안에서 가장 동쪽에 있는 페르시아 사원으로
2일차	⭐ 서쪽 시장 북쪽에 있는 교회에서 선교사 만나기 ⭐ 주작문 앞에서 주작문 배경으로 기념사진 찍기 ⭐ 동쪽 시장에서 신라 유학생 최씨 만나기	같이 점심 먹고 편지 전해드리기

※ 주의할 점!
- 사람이 너무 많은 곳은 피할 것. 친구들을 잃어버릴 수 있음.
- 장안을 골고루 구경해야 하니 같은 길을 두 번 이용하지 말 것.

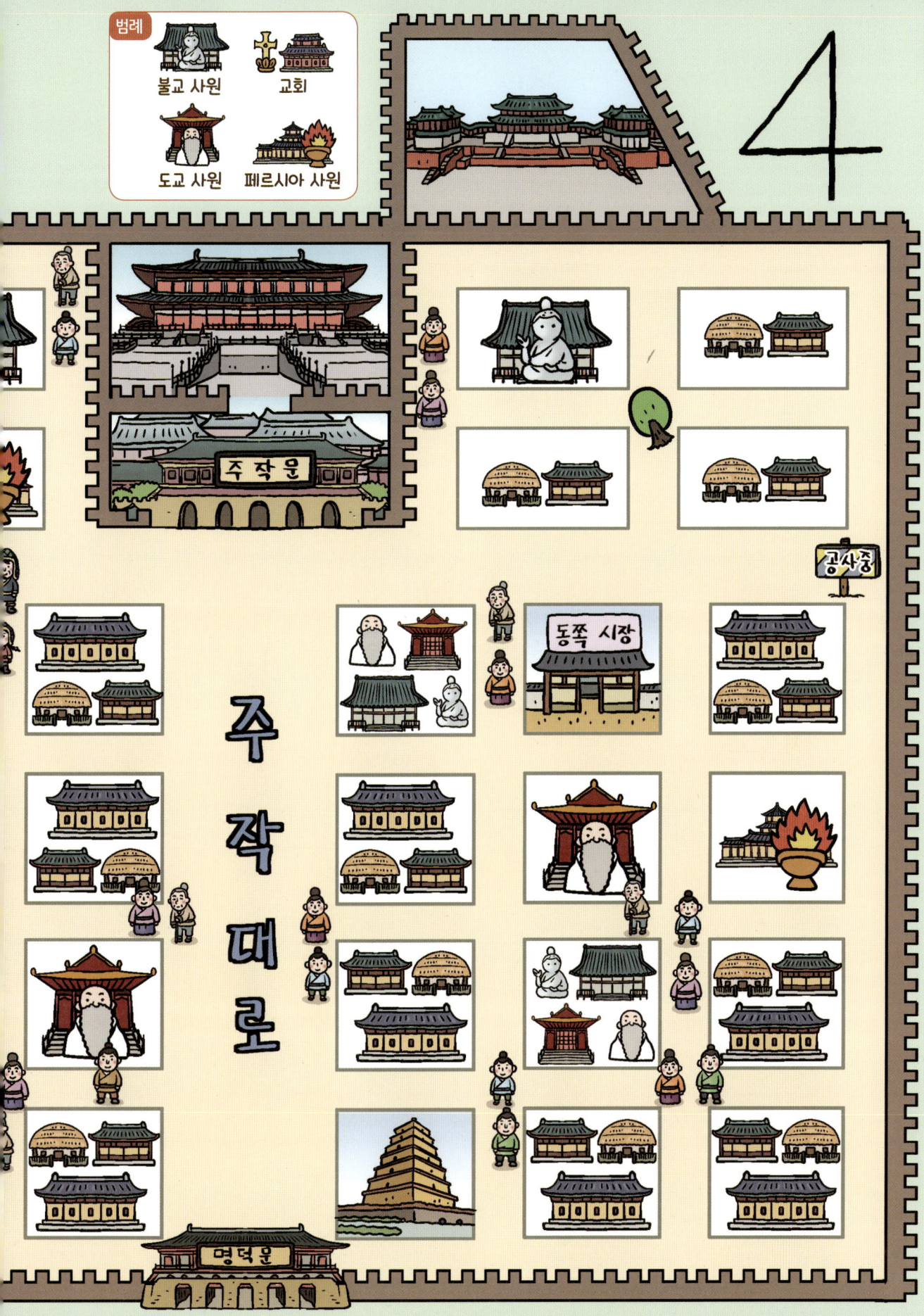

3 격변하는 세계

사람들이 늘 평화롭게 살지 않았다는 건 잘 알고 있지?
이번에는 세계 곳곳의 전쟁과 혼란에 대한 이야기를 할 거야.
드넓은 초원을 달려 유럽과 아시아를 모두 손에 넣은 몽골 제국!
유럽을 집어삼킨 무시무시한 흑사병 이야기까지!
자, 귀를 쫑긋 세우고 오늘도 세계 역사를 향해 출발!

세계 제국 몽골의 등장

오스만 제국이 발전하다

1. 중국의 주인이 바뀌다

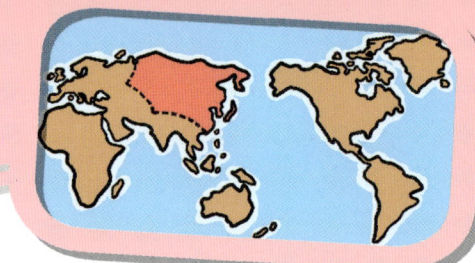

몽골 초원
지금도 많은 유목민이 초원의 이동식 가옥에서 가축을 키우며 살고 있어.

당나라가 망하다

번성하던 당나라가 삐걱삐걱 흔들리기 시작했어. 국경을 지키는 장군들의 힘이 지나치게 커져 버렸거든. 어떤 장군은 당나라 군대의 절반을 혼자 거느릴 정도였지.

"내가 이렇게 힘이 센데 황제가 못 될 게 뭐냐? 당나라 없애고 새 나라 세울란다!"

결국 쇠약해진 당나라는 장군들의 반란에 시달리다가 무너지고 말았단다.

칼보다 붓을 택한 송나라

당나라가 무너지고 한참 혼란스러웠던 중국을 **송나라가 다시 통일**했어.
송나라는 당나라가 힘센 장군들에게 망하는 걸 보고 다짐했지.

"칼 든 장수보다 글공부하는 사람들에게 나랏일을 맡겨야겠어!"

하지만 그러다 보니 큰 문제가 생겼어. 군대가 너무 **허약해져 버린** 거야. 북쪽에서 유목민이 끊임없이 쳐들어와 **비실비실한** 송나라를 괴롭혔지. 송나라는 유목민에게 돈을 주면서 제발 쳐들어오지 말아 달라고 부탁했단다.

강력한 유목민 국가가 등장하다

북쪽의 여러 유목민 중에서도 **거란이 세운 요나라**가 송나라를 가장 괴롭혔어.
맞아, 고려와 여러 차례 붙었던 바로 그 거란!
하지만 요나라는 또 다른 유목민인 **여진이 세운 금나라**에게 폭삭 망하고 말았지.
금나라도 곧장 송나라를 공격했단다.
　"아이쿠, 저 녀석들 때문에 도저히 살 수가 없네!"
송나라는 겨우 도망쳐 중국 남부에서 나라를 이어갔어.

세계를 하나로 만든 몽골 제국

몽골 제국은 넓은 **영토를 다섯으로 나누어** 황제의 형제와 친척들이 각기 다스렸어. 황제는 중국을 다스렸고, 나라 이름은 **원나라**로 정했지.
최강 몽골군의 보호 아래 사람들은 안전하고 자유롭게 세계 곳곳을 오갈 수 있었어. 바야흐로 지구촌 시대가 활짝 열린 거야!
하지만 **옛 송나라 사람들은** 심한 차별을 받았단다.
몽골 제국에 끝까지 맞서 싸운 죄였지.

역사반 자유시간

오! 재밌겠다~

내가 1등 해야지~

오늘부터 특훈이다!

헐, 자전거 위에서 라면도 먹어?

후루룩

와, 자전거 위에서 자잖아?

두기야, 자전거 실력 좀 보여줘!

정작 탈 줄은 모르는 거야?

타 본 적은 없어서... 헤헤!

비틀 비틀

더 생각해 보기

자전거 위에서 먹고 자다니! 비록 타는 건 서툴렀지만 두기 정말 대단하지 않니? 생각해 보니 몽골 제국의 군대가 강했던 이유도 비슷했던 것 같은데~ 혹시 기억하니?

오스만 제국이 등장하다

몽골이 물러간 뒤, 오늘날 튀르키예에서 강력한 이슬람 제국이 등장했어. 이름하여 오스만 제국! 오스만 제국은 유럽으로 쿵쿵쿵 세력을 넓히더니 마침내 비잔티움 제국을 멸망시키고 지중해를 장악했지.

"세상에, 비잔티움 제국이 무너지다니 우린 다 죽었다!"

유럽인들은 모두 벌벌 떨었어.

동서 교역의 중심지 오스만 제국

"에헴. 당신들은 살던 대로 살아도 돼~ 대신 세금은 꼬박꼬박 내고. 오케이?"

오스만 제국은 제국 안에 사는 다양한 민족의 문화와 종교를 존중했어. 덕분에 많은 사람이 와글와글 오가며 오랜 번영을 누렸단다. 수도 이스탄불은 유럽과 아시아를 잇는 세계 도시로 크게 발전했어. 글쎄, 이스탄불의 시장 그랜드 바자에는 각종 가게가 3500개나 있었다지 뭐니!

인도로 간 이슬람교

비슷한 시기에 인도에도 **이슬람교**가 **전파**됐어. 그런데 인도 사람들은 대부분 **힌두교**를 믿었지. 힌두교는 수천이 넘는 가지각색의 신을 믿는 종교야.

"나는 △△신을 믿어."   "나는 ★★신에게 기도해야지~"   "나는 ○○신!"

그리고 신의 모습을 조각이나 그림으로 만들어서 **비나이다~ 비나이다~** 소원을 빌었지. 이런 인도에 이슬람교가 들어온 거야. 과연 무슨 일이 벌어질까?

춤추는 시바 신

'파괴의 신' 시바의 신상이야. 힌두교를 대표하는 신 중 하나지.

이슬람교 신자들은 전쟁을 벌여 인도 북부 델리를 점령했어. 그리고 300년 넘게 인도 북부를 다스렸지. 이때부터 인도에도 이슬람 문화가 퍼졌어. 그런데 이슬람교와 힌두교는 매우 달랐단다.

"알라 외에 다른 신은 없다. 신의 모습을 조각하거나 그리는 것도 안 돼!"

"알라만 믿으라니 그게 무슨 헛소리야?"

힌두교와 이슬람교 신자는 서로 아웅다웅 다투기 일쑤였어.

번영하는 무굴 제국

그렇게 300년 정도가 흐른 어느 날, 이슬람교를 믿는 새로운 **침략자**가 인도로 쳐들어왔어. 그리고 인도에 강력한 이슬람 제국인 **무굴 제국**을 세웠지. 그런데 무굴 제국의 세 번째 황제 아크바르는 힌두교도를 잘 보살폈단다.

"이제 다투지 마라! 힌두교 신자도, 이슬람교 신자도 차별 없이 대하겠다!"

아크바르 황제는 힌두교 신자에게만 걷던 세금을 없애고, **힌두교를 믿는 공주**와 결혼할 정도로 힌두교 신자를 존중했지.

후추나 각종 보석 같은 인도의 **특산물**은 세계적으로 **인기**를 끌었어.

> **특산물** 어떤 지역에서 특별히 많이 생산되는 물건이야.

세계 곳곳에서 수많은 상인이 인도를 찾아왔지.
그 덕에 **무굴 제국**은 세계에서 손꼽히는 **부자 나라**가 되었단다.
무굴 제국의 다섯 번째 황제는 부인의 무덤을 짓는 데 값비싼 대리석과 귀한 보석을 아낌없이 썼어. 그렇게 지어진 건물이 바로 **타지마할**이야!

역사반 자유시간

선생님, 저도 아크바르처럼 모든 사람에게 잘해 줄 거예요!

역시 나선애!

애들아, 오늘 아이들 잘 돌봐줄 수 있지?

네~ 그럼요!

누나!
형!
우르르
헉! 어떡하지!

누나 나도 목말!
나도!
나도!
얼럇
부들부들
아이고, 나 죽네!
그래도 대단하다!

더 생각해 보기

역시 모든 사람에게 잘해주는 게 쉬운 일은 아닌가봐. 그런데 무굴 제국의 아크바르 황제는 모든 인도 사람들을 차별 없이 대하려 했지. 혹시 왜 그랬는지 생각해 봤니?

97

십자군 전쟁이 시작되다

"성지 예루살렘을 되찾아옵시다! 하느님의 명령입니다!"

> **성지**
> 종교적으로 신성하게 여기는 장소야.

이게 무슨 소리냐고? 바로 유럽의 **십자군**이 외친 말이야. 십자군은 그리스도교의 성지 **예루살렘**을 이슬람교도에게서 다시 찾아오려 했거든. **이슬람교도를 물리치려고** 온 유럽인이 *우다다다* 십자군에 뛰어들었어. 그런데 그중에는 다른 속셈을 가진 사람도 많았단다.

'이참에 이슬람교 신자나 털어서 한몫 잡아볼까?!'

도시와 상업이 발전하다

십자군이 전쟁을 치르려면 여러 가지 물건이 필요했어. 그러다 보니 자연스럽게 **뚝딱뚝딱** 물건을 만드는 **장인**과 물건을 파는 **상인**이 많아지고, **시장과 도시가** 발전했지.

장인과 상인들은 자신들의 이익을 위해 **길드**라는 조직을 만들고 힘을 합쳤어.

> "지금부터 이 시장에서는 우리 길드 물건만 판다!"

나중에는 큰 길드 몇몇이 힘을 합쳐 도시를 다스리기도 했단다.

교회의 권위가 땅에 떨어지다

교회의 권위가 떨어지니 **교황의 권위**도 함께 떨어졌어.
왕들은 이제 교황에게 큰 소리를 치기 시작했지.
심지어 **프랑스 왕**은 아예 **교황을 납치한 뒤**
자기 나라에 가둬놓고 부하처럼 함부로 대했단다.

"아이고…내가 그래도 교황인데…이게 무슨 꼴이람…엉엉."

이렇게 교황의 권위는 온데간데없어져 버렸어.

영국과 프랑스의 악연, 백 년 전쟁

교회의 힘이 약해지자 유럽 여러 나라의 **왕권이 강해졌어.**
그중에서도 힘이 세진 **영국**과 **프랑스**의 왕은 서로 자기가 세다며 **으르렁**
대다가 결국 크게 한판 붙었지.
두 나라는 무려 **100년 넘게 싸우다 쉬기**를 되풀이했어.
그래서 이 전쟁을 **백 년 전쟁**이라고 해.
백 년 전쟁 초반에는 영국이 매우 유리했단다.

역사반 자유 시간

우리 내일은 뭘 하면 좋을까?
박물관 가서 공부해요!
오~ 장하다가 웬일?

그럼 자유롭게 둘러보고 새롭게 배운 것을 발표하자~
○○박물관
네~

저는 유럽의 무기에 대해 발표하겠습니다!
저는 유럽의 패션 스타~일에 대해 살펴봤어요!
저는 박물관 카페에서 가장 맛있는 음식이 무엇인지 알아봤습니다!
그럼 그렇지~

더 생각해 보기

먹보 장하다가 그러면 그렇지! 박물관에 공부하러 간 줄 알았더니, 먹으러 간 거였네!
십자군 중에서도 다른 꿍꿍이를 가진 사람들이 있었어.
그 결과 십자군은 어떻게 됐지?

왕수재의 정리왕!

1. 중국의 주인이 바뀌다

- 송나라는 장군보다 글공부하는 사람에게 나랏일을 맡김.
- 북쪽 유목민인 **거란**과 **여진**이 송나라에 자주 침입함.
- **칭기즈 칸**이 이끄는 **몽골인**이 유럽과 아시아를 모두 차지하고 세계 최대의 몽골 제국을 건설함.

2. 황금기를 맞이한 이슬람 세계

- **오스만 제국**이 지중해를 장악하고 대제국으로 발전함. 수도 이스탄불은 국제도시로 번영함.
- 이슬람 세력은 **인도**에 진출해 이슬람 왕조를 세우고 인도 북부를 다스림.
- **무굴 제국**은 무역으로 크게 번영해 세계에서 손꼽히는 부자나라가 됨.

3. 유럽이 혼란에 빠지다

- 성지 예루살렘을 되찾기 위해 **십자군 전쟁**이 일어났지만 실패로 끝남.
- **흑사병**으로 유럽인 대부분이 죽고 교회와 교황의 권위가 추락함.
- **영국**과 **프랑스**는 백 년 넘게 전쟁을 벌임. 전쟁이 끝나자 두 나라는 유럽의 대표 라이벌이 됨.

슈퍼 천재 왕수재가 1분 만에 정리해 줄게!

숨겨진 키워드를 찾아라

아래 힌트를 보고 답을 찾아봐!

🔍 키워드 찾기 힌트

1. 요나라는 중국 북쪽의 '거○'인이 세운 나라야.
2. 가축을 키우며 이동 생활을 하는 사람들을 가리켜. (유○○)
3. 몽골 제국은 중국을 다스리며 나라 이름을 '○○라'로 고쳤어.
4. 오스만 제국의 수도였던 이 도시는 동서 교역의 중심지였어. (이○○○)
5. 무굴 제국의 세 번째 황제야. 힌두교 신자도 잘 보살폈지. (아○○○)
6. 인도의 종교야. 수많은 신이 있고 신의 모습을 그림이나 조각으로 만들어 섬기지. (○○교)
7. 무굴 제국의 황제가 죽은 황후를 위해 세운 하얀 대리석 무덤 건물이야. (타○○○)
8. 유럽의 십자군은 그리스도교의 성지인 이 도시를 되찾기 위해 전쟁을 벌였어. (예○○○)
9. 중세 유럽에서 상인이나 장인이 자신들의 이득을 위해 만든 조직이야. (○드)
10. 백 년 전쟁에서 프랑스의 승리를 이끈 소녀의 이름이야. (잔 ○○○)

영국과 **프랑스**는 무려 100년 동안이나 전쟁을 벌였어.
영국은 전쟁 초반 프랑스를 몰아붙였지만,
잔 다르크의 활약으로 결국 프랑스가 승리했단다.
아래에 그때의 치열한 전투를 그린 그림이 2장 있어.
그런데 자세히 보니 같은 그림이 아니네?
눈을 크게 뜨고 **다른 부분** 총 **5군데**를 찾아보자!

4 불어오는 변화의 바람

휴! 한바탕 혼란을 겪은 후 세계 사람들은 어떤 생각을 했을까? 이번에는 놀랍게 변화하는 세계 곳곳의 이야기를 살펴볼 거야. 세계의 중심이라 불릴 만큼 강력해진 중국의 명나라와 청나라, 또 새롭게 성장하는 일본에 대한 이야기도 준비했단다. 아, 세계 곳곳으로 뻗어 나가기 시작한 유럽 이야기도 빼먹을 수 없지. 그럼 길 잃지 말고 잘 따라오렴!

명나라가 세워지다

만주족이 청나라를 세우다

일본 무사들이 권력을 잡다

몽골을 몰아낸 명나라

기세등등 했던 몽골 제국은 채 100년도 못가 중국에서 밀려났어. 큰 나라를 다스려 본 경험이 없는 몽골인이 중국을 오래오래 다스리긴 어려웠던 거야.

"몽골을 몰아내고 중국을 되찾자!"

우르르~ 몽골은 중국인의 반란 때문에 무너졌고, 중국에는 <u>한족</u>이 세운 명나라가 새롭게 들어섰어.

> **한족**
> 옛날부터 중국에 살던 중국인을 말해.

1368년 명나라 건국

정화 함대, 세계로 출동!

명나라는 이웃 나라에 사신을 보내 이렇게 요구했단다.

"에헴, 앞으로 위대한 명나라에 충성을 바치고 신하가 되시오. 그럼 우리가 선물도 주고, 어려울 때는 도움도 주겠소~"

명나라는 **어마어마**하게 크고 힘도 센 나라라서 이웃 나라는 요구를 거절할 수 없었어. 우리나라와 일본, 베트남 같은 이웃 나라는 명나라의 신하가 되었지.

그런데 사실 명나라 황제는 세상의 모든 나라를 신하로 삼을 생각이었어.

"여봐라, 바다 너머 세상 끝까지 함대를 파견하도록 하여라~!"

황제의 명령으로 정화라는 사람이 **바다 건너 먼 세상**으로 출동했어. 정화는 무려 일곱 번에 걸쳐서 아프리카까지 항해한 뒤 명나라로 돌아왔지. 정화 덕분에 명나라의 이름은 세계 **방방곡곡**에 널리 퍼졌단다.

여긴 어디, 나는 누구…?

황제 폐하, 우리 앞으로 잘 지내요~

우웩

만주족이 중국을 점령하다

위풍당당하던 명나라도 오래 지나지 않아 혼란에 빠졌어. **어리석은 황제**가 잇달아 등장하며 나랏일이 제대로 돌아가지 않았고, 쓸데없이 돈을 **펑펑** 쓰는 바람에 살림살이도 어려워졌지.

"오호라~ 이것 봐라. 잘만 하면 이 기회에 중국을 꿀꺽?"

앗, 이게 누구지?

바로 한반도의 북쪽, 만주에서 중국을 호시탐탐 노리던 **여진**이었어!
여진은 명나라가 휘청거리는 틈을 타 힘을 키웠어.
그리고 자신들의 이름을 '**만주**'라 바꾸고 비틀거리는 명나라를 공격했지.
그런데 이때!

"만날 전쟁이냐! 이대로는 못 살겠다! 세상을 뒤엎자!"

우당탕! 명나라의 농민들이 반란을 일으켰네!
명나라가 반란으로 무너지자 만주족은 중국을 냉큼 점령하고
새로운 나라를 세웠어. 이 나라가 바로 **청나라**야.

드넓은 중국, 어떻게 다스릴까?

그런데 중국을 지배하게 된 만주족에 비해 한족이 너무 많았어.
한족은 무려 만주족의 **300배**가 넘었지!
고민 끝에 만주족은 일단 명나라의 법과 제도를 그대로 따랐어.
새로 관리를 뽑을 때도 만주족과 한족을 **골고루** 뽑았단다.
그럼 한족에게 너무 좋은 거 아니냐고? 과연 그럴까?

"아이고, 이 많은 한족을 대체 무슨 수로 다스리지?"

만주족, 한족 모두 두루두루 어울려서 잘 살아 보자구~

우리 한족도 관리가 될 수 있대!

세금도 낮춰 주신대!

덩실 덩실

"지금부터 우리 만주족처럼 요렇게 머리를 깎는다~ 실시!"

뜻밖의 명령에 중국 사람들 표정이 **붉으락푸르락!**
만주족은 한족에게 자기들의 전통 머리 모양인 **변발**을 강요했어.
콧대 높은 한족의 자존심을 깎아내리려고 한 거야.
여기에 항상 사람을 풀어 한족들이 반항하지 않는지 감시했지.
그래서 한족은 늘 **"오들오들" "불안에" "떨면서"** 만주족의 명령을 들을 수밖에 없었어.

> **변발**
> 앞머리와 옆머리를 밀고 뒷머리만 남겨서 길게 늘어뜨리는 머리 모양이야.

세상의 모든 돈을 끌어모으다

현명한 황제가 잇달아 등장하며 청나라는 **전성기**를 맞이했어. 영토도 동서남북으로 **쭉쭉** 넓혀서 중국 역사상 가장 **넓은 땅**을 지배하는 나라가 되었지.

"제발 우리한테 도자기랑 비단 좀 파세요, 돈은 얼마든지 드릴게요!"

전 세계 상인들은 청나라에 구름처럼 몰려와 값진 비단과 도자기를 사갔어. 그 덕에 전 세계의 돈이 **죄다** 청나라로 모여들었단다!

역사반 자유시간

더 생각해 보기

휴, 당근과 채찍 전략을 써 봤지만 하다랑 수재한테는 통하지 않았어.
청나라도 나라의 안정을 위해 여러 전략을 썼어.
어떤 전략이었더라?

일본의 탄생

일본은 우리보다 조금 늦게 문명이 발전했어.
중국과 우리나라에서 바다를 건너간 사람들이 일본의 선생님 역할을 했단다.

"우리는 늦게 시작했으니 더 열심히 배워야 해!"

일본은 앞선 문물을 스펀지처럼 쭉쭉 흡수했어.
중국의 당나라가 세계 제국으로 껑충 발돋움하자 당나라에 많은 유학생을 보내기도 했지.

천황을 앞세워 귀족이 활개치다

일본 사람들은 자기들의 왕이 태양신의 후손이라고 믿었어.
그래서 '**하늘의 황제**'라는 뜻에서 '**천황**'이라 부르고 떠받들었지.
귀족들은 저마다 이렇게 큰소리를 **빵빵** 쳤단다.

"**천황 폐하의 생각은 내가 세상에서 제일 잘 알지!**"

그런데 실은 천황 핑계를 대고 **자기 욕심만 챙기는** 귀족이 훨~씬 많았어!
이런 귀족이 늘어나자 천황의 힘은 점점 약해졌고,
일본은 여러 **힘센 귀족**들의 세상이 되었지.

무사의 힘이 커지다

힘센 귀족들은 무술 실력이 훌륭한 **무사**를 부하로 고용했어.
여차하면 다른 귀족과의 전쟁에 동원하려고 한 거지.
그런데 이게 웬걸? 시간이 흐르자 무사들은 점점 귀족을 **얕잡아 봤단다.**

"어이, 어차피 칼은 내가 쥐고 있잖아?
이젠 내 맘대로 할 거야!"

시요용~ 무사들은 귀족의 명령을 무시하고,
심지어 귀족을 공격하기도 했어!

오랜 전쟁 끝에 일본이 통일되다

일본은 머지않아 무사의 세상이 되었어. 힘깨나 쓰는 사람은 전부 다 무사 노릇을 하며 활개를 쳤지.

"그럼 이제 누가 가장 힘이 센지 가려보자!"

챙챙! 탕탕! 무사들은 치열하게 전쟁을 벌였어. 전쟁에서 최종 승리한 무사는 '쇼군'이라 불렸단다. 쇼군은 사실상 천황 대신 **왕** 노릇을 했지.

전쟁 끝! 평화 시작!

임진왜란이 끝난 이후, **도쿠가와 이에야스**가 일본의 새로운 쇼군이 되었어.

"이제 전쟁은 끝! 앞으로 내 명령을 어기고 싸우는 놈들은 용서하지 않는다!"

와르르~ 무사들은 서로 전쟁을 벌이려고 쌓아 둔 성까지 허물어야 했어. 그리고 1년마다 쇼군을 찾아가 인사도 드려야 했지. 이렇게 몇 년이 흐르자 일본에는 평화가 찾아왔단다. 무사들은 싸움 대신 **글공부**를 하며 나라를 다스리는 관리로 일했어.

에도와 같은 대도시는 늘 물건을 사고파는 사람으로 **시끌시끌** 했어.

> **에도**
> 오늘날 일본의 수도인 도쿄의 옛 이름이야.

도시는 점점 커졌고, 상인들은 많은 돈을 벌었지.
상인들은 벌어들인 돈으로 새로운 문화를 즐겼단다.
연극과 **운동 경기**, 그림과 소설을 즐기는 사람도 많았어.
유명한 선수가 등장하는 스모 경기에는 사람이 **구름처럼** 몰려들었고,
유명 화가가 그린 그림은 비싼 값에 팔려 나갔지.

일본에 등장한 새로운 문화

가부키
진한 화장을 한 배우들이 등장하는 연극이야.
오늘날로 치면 인기 드라마라 할 수 있지.

스모
일본식 씨름이야. 둥근 모래판 위에서 서로
상대방을 바깥으로 밀어내면 이기는 운동 경기지.

우키요에
나무 판에 밑그림을 그려 찍어 낸 판화야.
가격이 비교적 싸서 인기가 좋았어.

닌교조루리
음악에 맞추어 작은 인형을 조종하며 진행하는
인형극이야.

서양 학문이 유행하다

이때 머나먼 유럽의 상인들도 일본을 많이 찾아왔어.
유럽 상인들은 유럽의 새로운 문물을 소개해 주었지.
신기한 발명품을 구경하고 새로운 지식을 알게 된
일본 사람들은 깜짝 놀랐어.

"세상에, 우리는 우물 안 개구리였어!"

이때부터 일본에는 서양 학문이 유행했단다.

역사반 자유시간

끙~ 선생님이 아파서 오늘은 너희끼리 다녀야겠다.

헉, 선생님이 안 계시면 어쩌죠?

선생님이 편찮으시니 역사반 회장인 내 말에 따라줘야겠어!

무슨 소리! 내가 제일 똑똑하잖아!

천만에! 내가 제일 낫다고!

응? 형한테는 무슨 장점이 있는데?

먹는 걸로는 내가 역사반 1등이잖아!

흠…

 **더 생각해 보기**

흐흐, 아무래도 역사반에서 이 용선생을 대신할 사람을 뽑기는 어렵겠군! 그런데 일본에서는 천황 대신 다른 사람이 왕 노릇을 했어. 어쩌다가 그렇게 됐더라?

_____

_____

르네상스가 시작되다

십자군 전쟁과 **흑사병** 같은 혼란을 겪은 뒤 유럽인의 생각은 크게 변했어.

"지금까지 성경이 진리라고 생각했는데, 정말 그럴까?"

유럽 사람들은 무조건 성경을 믿는 대신 세계를 직접 **관찰**하기 시작했지.
그 결과 과학자들은 '지구가 태양 주위를 **빙글빙글** 돈다'고 주장했단다.
또 예술가들은 인간의 몸을 그대로 본떠 **아름다운** 예술 작품을 만들었지.
이런 변화를 '**르네상스**'라고 불러.

종교 개혁을 외치다

그런데 유럽의 성직자들은 오직 돈을 버는 데에만 눈이 벌게져 있었어.

"면벌부만 있으면 하느님께 벌을 안 받아요!"

성직자들은 면벌부라는 엉터리 증명서까지 팔며 돈을 빡빡 긁어모았어. 이런 모습에 화가 난 사람들은 소리 높여 외쳤지.

"썩은 교회를 확~! 바꿔야 합니다, 여러분!"

머지않아 온 유럽은 교회 개혁에 찬성하는 편과
반대하는 편으로 **콰지직!** 쪼개져 버리고 말았단다.

"교회를 욕하다니 저놈들은 악마다!" "개혁에 반대하는 놈들을 물리치자!"

결국 유럽은 여러 나라가 두 편으로 나뉘어 종교 전쟁을 벌였어.
전쟁은 무려 30년 동안이나 계속됐고,
수많은 사람이 목숨을 잃었지.

1492년, 콜럼버스, 아메리카 도착

바다를 건너 새로운 세상으로!

유럽 사람들은 아시아의 **비단** 과 **후추** 같은 물건을 아주 좋아했어.
그래서 아시아로 가는 쉽고 빠른 길을 찾으려 했지.

"지구는 둥그니까, 바다를 건너
서쪽으로 가다 보면 아시아가 나올 거야!"

콜럼버스는 길고 긴 항해 끝에 **아메리카 대륙**에 도착했지.
아시아에는 가지 못했지만, 유럽에 알려지지 않았던 대륙을 찾아낸 거야.
이후 수많은 유럽 항해사가 세계 **방방곡곡**으로 모험을 떠나 새 **항로**를
만들었어.

항로: 배나 비행기가 오가는 길을 말해.

- 후추 원정대 출발~
- 당장 후추 구해와!
- 드디어 인도 도착!
- 북대서양
- 여기 인도 아닌데···
- 바다는 너무 위험해!
- 태평양
- 이렇게 서쪽으로만 가면 지구 한 바퀴?
- 남대서양
- 아프리카를 돌아 인도로 간다!

138

여러 나라 간에 경쟁이 치열해지다

새로운 항로가 개척되며 유럽 상인들은 큰돈을 벌었어. 한편으로는 각 나라 간의 **경쟁**도 치열했지.

"영국 놈들의 코를 납작하게 만들자!"

"프랑스 놈들을 짓밟아 버리자구!"

특히 돋보인 나라가 영국, 프랑스, 네덜란드였어.
이 중에서도 영국은 세계 곳곳에서 장사하며 빠르게 발전했지!

하지만 유럽인이 세계에 발을 뻗으며 큰 불행을 겪은 사람들도 있단다. 아메리카 대륙에서는 원주민의 나라가 무너지고 유럽인의 식민지가 세워졌어. 뒤이어 수많은 아메리카 원주민이 죽거나 노예와 다름없는 신세가 되었지. 또 아프리카 사람들은 노예로 팔려갔어. 유럽인은 아프리카 노예를 인간이 아니라 마치 짐짝처럼 다뤘지. 수많은 아프리카인이 목숨을 잃거나 비참한 삶을 살았단다.

식민지 다른 나라의 지배를 받는 지역이야.

절대 군주가 등장하다

치열한 경쟁이 계속되며 나라가 계속 커지자 유럽에서는 왕의 힘도 강해졌어.

"에헴, 지금부터 내 말이 곧 법이다. 내가 곧 국가다! 알겠느냐~?"

프랑스의 루이 14세는 으리으리 한 베르사유 궁전을 지었고, 귀족들을 휘어잡아 매일 호화로운 파티를 열었지. 유럽 곳곳에 이렇게 강한 힘을 가진 왕이 속속 등장했단다. 이런 왕을 '절대 군주'라고 해.

학문이 놀랍게 발전하다

유럽에서는 놀라운 발견과 발명도 잇달아 이루어졌어.

"사과가 땅으로 떨어지는 건, 지구가 사과를 끌어당기기 때문입니다."

영국의 과학자 뉴턴은 우주가 움직이는 법칙을 알아냈어.
이외에도 수많은 과학자들의 활약으로 학문이 크게 발전했지.
과학자들이 새롭게 알아낸 지식을 한데 모은 백과사전도 만들어졌어.
이제 유럽 사람들이 세상을 보는 눈은 크게 달라졌단다.

▶ Yong Tube

역사반 자유시간

> 얘들아, 배 타고 여행하니까 기분 좋지?

> 바람 너무 시원하다~

> 전 바다를 관찰할 거예요!

> 혹시 콜럼버스처럼 새로운 대륙을 발견할 수도 있잖아요?

> 우걱 우걱

> 앗, 저기! 저기! 육지가 보여요!

> 어디, 어디?

> 뭐야, 망원경을 닦고 봐야지!

> 헤헤, 미안~!

 **더 생각해 보기**

난 또, 콜럼버스처럼 새로운 대륙을 발견한 줄 알았지 뭐람!
그런데 **콜럼버스가 아메리카 대륙에 도착한 후 유럽에 어떤 변화가 일어났는지** 알고 있니?

_____

_____

왕수재의 정리王 왕!

1. 세계의 중심이 된 중국

- 몽골 제국이 물러나고 중국에는 **명나라**가 세워짐.
- 명나라는 **주변 국가**를 신하로 삼음. 나아가 세계 모든 나라를 신하로 삼으려고 함대를 파견함.
- **만주족**이 중국을 차지하고 **청나라**를 세움. 청나라는 중국 역사상 가장 넓은 땅을 지배하며 번영함.

2. 무사의 나라 일본

- 일본은 **중국**과 **한반도**에서 앞선 문물을 받아들이며 문명을 발전시킴.
- 전쟁을 맡던 무사의 힘이 강해져 일본을 지배하게 됨. 무사들의 총대장은 **쇼군**이라 함.
- **도요토미 히데요시**가 일본을 통일하고 임진왜란을 일으켰지만 실패함.
- **도쿠가와 이에야스**가 혼란을 수습하여 일본에 평화가 찾아옴. 도시가 발달하고 다양한 문화가 꽃핌.

3. 변화하는 유럽

- 성경 말씀에서 벗어나 인간 중심으로 생각하기 시작하며 **르네상스**라는 변화가 시작됨.
- 돈만 밝히는 타락한 교회를 바로잡기 위해 **종교 개혁**이 시작됨.
- **새로운 항로**가 개척되며 여러 나라 사이의 경쟁이 심해지고, 왕의 힘이 매우 커짐.
- **과학**이 발전하고 여러 가지 발견과 발명이 잇달아 이루어짐.

슈퍼 천재 왕수재가 1분 만에 정리해 줄게!

숨겨진 키워드를 찾아라

아래 힌트를 보고 답을 찾아봐!

🔍 키워드 찾기 힌트

1. 명나라 황제의 명령으로 함대를 이끌고 세계 곳곳을 누빈 사람이야. (정○)
2. '만○○'은 명나라를 멸망시키고 청나라를 세웠어.
3. 2번의 사람들이 했던 머리 모양이야. 만주족이 한족에게 이걸 강요했지. (○발)
4. 일본에서 권력을 잡은 가장 높은 장군을 부르던 말이야. (○군)
5. 임진왜란 이후에 일본의 새로운 수도가 된 곳이야. '도쿄'의 옛날 이름이지. (에○)
6. 일본과 일찍이 교류했던 유럽의 국가야. 튤립과 풍차가 유명하지. (네○○)
7. 중세 유럽 교회는 벌을 면제해 준다는 뜻의 '면○○'를 팔아서 돈을 벌었어.
8. 크리스토퍼 콜럼버스가 항해 끝에 도착한 대륙이야. (아○○○)
9. 프랑스의 루이 14세는 화려한 '베○○○' 궁전을 지었어.
10. 영국의 이 과학자는 우주가 움직이는 법칙을 알아냈어. (뉴○)

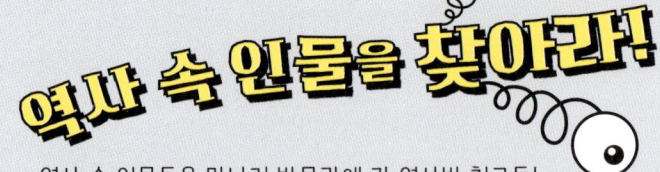

역사 속 인물을 찾아라!

역사 속 인물들을 만나러 박물관에 간 역사반 친구들!
어휴, 그런데 사람이 너무 많아서 도저히 찾을 수가 없네.
오른쪽 그림을 보고 역사 속 인물 **7명**을 찾아줄래?

♪ **찾아야 할 역사 속 인물들** ♪

정화　　도쿠가와 이에야스　　강희제　　레오나르도 다빈치　　루이 14세　　콜럼버스　　뉴턴

더 생각해 보기

1-1 고대 문명의 탄생

중요한 문명은 왜 모두 큰 강 옆에서 생겨난 걸까?

강 가까이에 살면 멀리 가지 않고도 마실 물과 농사에 필요한 물을 쉽게 구할 수 있어. 그리고 강을 따라 흘러온 영양물질이 차곡차곡 쌓이기 때문에 땅도 매우 비옥해. 또 강을 따라 장사에 필요한 물건을 옮기는 것도 편리하지. 한마디로 먹고 살기가 훨씬 쉽다는 거야. 이렇게 농사도 잘되고 장사도 하기 쉽기 때문에 점점 더 많은 사람들이 강가에 모여 살게 되었어. 그러면서 도시가 생기고 문명이 탄생하게 된 거란다.

1-2 아시아 세계를 통일한 제국

통일 제국을 이룬 왕들은 어떻게 그 넓은 땅을 하나로 통일하고 다스렸을까?

넓은 땅을 다스리려면 왕의 명령을 나라 구석구석까지 빨리 전달할 수 있어야 했어. 그래서 페르시아 제국에서는 '왕의 길'을 닦았지. 또 페르시아 제국에서는 여러 민족이 사이 좋게 살 수 있도록 저마다의 문화를 그대로 인정해 주었고, 한나라에서는 유학을 통해 백성들이 자연스럽게 나라에 충성하도록 했단다.

1-3 지중해 세계를 통일한 제국

그리스의 여러 폴리스들은 위기가 닥치면 하나로 힘을 모아서 싸웠어. 왜 그랬을까?

그리스의 여러 폴리스들은 평소 많이 다투었지만 공통점도 많았어. 모두가 같은 그리스어를 썼지. 그리고 모두가 같은 그리스의 신들을 믿었단다. 그래서 그리스 사람들은 자신들이 같은 뿌리에서 나온 사람들이라고 생각했어. 그러니 페르시아 제국이 쳐들어왔을 때도 모두 함께 힘을 모아 싸울 수 있었던 거야.

더 생각해 보기

2-1 중국을 통일한 수나라와 당나라

강한 나라가 되고 싶었던 신라나 발해, 일본에서는 당나라의 어떤 점을 배웠을까?

신라, 발해, 일본은 당나라를 본받아 나라의 법과 제도를 만들고, 수도의 모양도 당나라의 수도 장안성을 본떠 비슷하게 만들었어. 또 유교, 불교, 한자 같은 문화도 적극적으로 받아들였지. 이런 것들을 배우러 많은 유학생들이 당나라에 가서 열심히 공부도 했어. 이때부터 중국과 주변 나라들은 비슷한 문화를 공유하게 되었단다.

2-2 이슬람 세계의 등장

천사의 목소리를 들었던 무함마드가 사람들에게 뭐라고 이야기했는지 기억하니?

무함마드가 나타나기 전에 아랍인들은 다양한 신을 믿었어. 하지만 무함마드는 신은 오직 하나뿐이라고 주장하면서 모두 같은 신을 믿고 따르며 힘을 모아야 한다고 했지. 무함마드의 말에 반발하는 사람도 많았지만, 결국 아랍인들은 무함마드의 가르침을 따라 한데 힘을 뭉쳤어. 그래서 이슬람교는 서아시아에 널리 퍼지며 이슬람 세계를 형성하게 되었단다.

2-3 게르만족이 유럽을 차지하다

유럽의 왕과 기사가 서로 어떤 약속을 했었는지 혹시 기억하니?

유럽은 적들의 침략을 많이 받아서 매우 혼란스러웠어. 약탈에 시달리던 백성들은 힘이 센 기사들을 찾아가 세금을 바치고 충성할 테니 자신들을 지켜달라고 부탁했지. 그리고 기사들은 다시 자기보다 힘이 센 왕을 찾아가 같은 약속을 했어. 그렇게 해서 유럽에는 윗사람이 아랫사람을 보호해 주는 대신, 아랫사람은 윗사람에게 충성을 바치는 봉건 제도가 자리를 잡았단다.

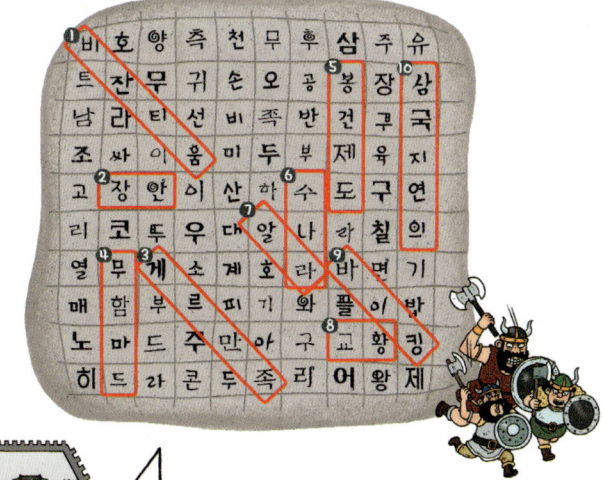

숨겨진 키워드 정답

역사야 놀자 정답

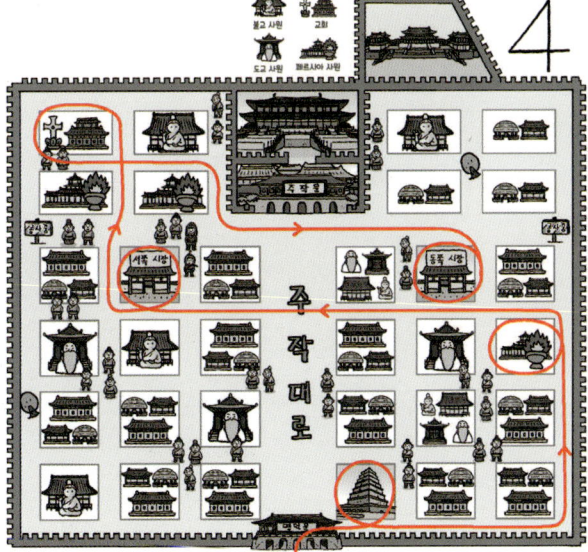

더 생각해 보기

3·1 중국의 주인이 바뀌다

혹시 몽골 제국의 군대가 강했던 이유를 기억하니?

몽골인들은 어렸을 적부터 초원에서 말과 함께 살았어. 그래서 말을 타고 움직이는 데에 아주 능숙했지. 몽골 제국 병사들은 말과 한 몸이 된 것처럼 말 위에서 자세를 자유롭게 바꾸고 활도 정확하게 쏠 수 있었단다. 덕분에 몽골 제국은 짧은 시간 안에 넓은 영토를 차지할 수 있었던 거야.

3·2 황금기를 맞이한 이슬람 세계

무굴 제국의 아크바르 황제는 모든 인도 사람들을 차별 없이 대하려 했지. 혹시 왜 그랬는지 생각해 봤니?

무굴 제국에는 힌두교 신자와 이슬람교 신자가 함께 살고 있었어. 그런데 힌두교와 이슬람교는 서로 너무 다른 종교라서 항상 아웅다웅 다툼이 잦았지. 아크바르 황제는 종교 때문에 싸움이 벌어지는 걸 막고 제국을 튼튼하게 하려고 모든 인도 사람들을 차별 없이 대하는 정책을 펼쳤던 거란다. 덕분에 무굴 제국은 안정적으로 발전할 수 있었지.

3·3 유럽이 혼란에 빠지다

십자군 중에는 다른 꿍꿍이를 가진 사람들이 있었어. 그 결과 십자군은 어떻게 됐지?

십자군에는 여러 가지 목적을 가진 사람들이 섞여 있었어. 믿음이 깊은 사람도 있었지만, 이참에 잘사는 서아시아에서 큰돈을 벌고 싶은 사람, 주인 없는 땅을 차지하고 싶은 사람, 그냥 먼 나라에 가 보고 싶은 사람도 있었지. 이렇게 다양한 속셈을 가진 사람들이 모여 있다 보니 성지 예루살렘을 되찾겠다는 본래 목표는 약해질 수밖에 없었어. 결국 십자군 전쟁이 실패하는 원인 중 하나가 되었지.

🌏 더 생각해 보기

4·1 세계의 중심이 된 중국

청나라에서는 나라의 안정을 위해 여러 전략을 썼어. 어떤 전략이었더라?

청나라를 세운 만주족은 자기들보다 숫자가 훨씬 많은 한족을 다스려야 했어. 그래서 일단 명나라의 법과 제도를 유지하고 명나라 귀족들도 그대로 두었지. 또 관리를 뽑을 때도 차별 없이 골고루 뽑았어. 그렇다고 한족에게 마냥 자유를 준 건 아니야. 만주족의 머리 모양을 하고 만주족의 옷을 입도록 강요했거든. 또 혹시라도 반항하는 세력이 있으면 절대로 가만두지 않았단다.

4·2 무사의 나라 일본

일본에서는 천황 대신 다른 사람이 왕 노릇을 했어. 어쩌다가 그렇게 됐더라?

시작은 일본의 귀족들이 천황을 핑계로 자기들 마음대로 행동한 거였어. 귀족들은 서로 다른 귀족보다 강해지기 위해 무술이 뛰어난 무사들을 고용했는데, 나중에는 오히려 무사들의 힘이 귀족보다 더 커지고 말았지. 무사들이 전쟁을 벌인 끝에 최종 승리한 무사가 '쇼군'이라는 총대장이 되었어. 그 뒤로 일본에서는 천황이 아니라 쇼군이 사실상 왕 노릇을 했단다.

4·3 변화하는 유럽

콜럼버스가 아메리카 대륙에 도착한 후 유럽에 어떤 변화가 일어났는지 알고 있니?

콜럼버스의 뒤를 따라 수많은 항해사들이 전 세계로 모험을 떠나면서 새로운 뱃길이 잇달아 생겨났어. 유럽은 새로운 뱃길을 통해 세계 곳곳의 값진 물건들을 사고팔아 큰돈을 벌었지. 다른 나라보다 더 많은 부와 힘을 갖고 싶어진 유럽 국가들은 치열한 경쟁을 펼쳤어. 그러면서 왕의 힘이 아주 강해졌고, 유럽 곳곳에는 절대적인 힘을 가진 '절대 군주'들이 속속 등장하게 되었단다.

숨겨진 키워드 정답

 정답

〈사진 제공〉

10p Soluvo/위키피디아, 17p Kowloonese/위키피디아, 20p Immanuel Giel/위키피디아, 25p شفرد واياني/위키피디아, 28p Ptolemy Thiên Phúc/위키피디아, 30p 셔터스톡, 34p Berthold Werner/위키피디아, 36p Bengt Nyman/위키피디아, 37p Alessandroferri/위키피디아, 46p 셔터스톡, 56p 셔터스톡, 62p Andrew Shiva/위키피디아, 82p 셔터스톡, 90p 셔터스톡, 114p 셔터스톡, 124p 셔터스톡, 134p Myrabella/위키피디아

※ 퍼블릭 도메인은 따로 표기하지 않았습니다.

용선생 처음 세계사 1 : 고대 문명~중세

1판 1쇄 발행 2019년 7월 12일
1판 9쇄 발행 2025년 1월 13일

글 사회평론 역사연구소
그림 뭉선생, 윤효식
캐릭터 이우일
어린이사업본부 이승필
편집 송용운, 김언진, 오영인, 김형겸, 윤선아
마케팅 윤영채, 정하연, 안은지, 박찬수
경영지원 나연희, 주광근, 오민정, 정민희, 김수아, 김승현
디자인 톡톡
사진 북앤포토

펴낸이 윤철호
펴낸곳 ㈜사회평론
전화 02-326-1182
팩스 02-326-1626
주소 03993 서울시 마포구 월드컵북로6길 56 사평빌딩
용선생 클래스 yongclass.com
출판등록 1993년 10월 6일 제10-876호

ⓒ 사회평론, 2019

ISBN 979-11-6273-052-2 77900

* 이 책 내용의 일부나 전부를 다시 사용하려면 저작권자와 사회평론의 동의를 받아야 합니다.
* 잘못 만들어진 책은 구입하신 곳에서 바꾸어 드립니다.

 KC마크는 이 제품이 공통안전기준에 적합하였음을 의미합니다.
아이들이 책의 모서리에 다치지 않게 주의하세요.
종이에 손을 베지 않도록 주의하세요.

* 이 책에 쓴 사진은 해당 사진을 보유하고 있는 단체와 저작권자의 허락을 받아 게재한 것입니다. 저작권자를 찾지 못하여 게재 허락을 받지 못한 사진은 저작권자를 확인하는 대로 게재 허락을 받고, 출판사 통상 기준에 따라 사용료를 지불하겠습니다.

★ 알맞은 자리에 유물 스티커를 붙이세요.

★ 가위로 잘라 자유롭게 붙여 보세요!

《용선생 처음 세계사》 1권